# 快樂說晚安

作者：趙映雪
插畫：陸承宗

又是媽媽要小建穿厚夾克、戴手套去上幼稚園的日子。小建從來都不喜歡冬天，因為寒冷的山風吹得他房間的窗戶「咳咂咳咂」的響，而且好像才放學，都還沒玩到什麼，天就黑了，一下子就得去睡覺了。小建最討厭太陽下山以後，家裡什麼都變得好大、好暗，還有很多不知道從哪裡跑出來的怪影子會黏到毛毛的窗戶上來，到處都是聽起來很可怕的怪聲音。一想到吃完飯後，就得自己一個人去洗澡、睡覺，小建的心臟便會一直亂跳，那種隨時隨地怕怕的感覺，讓小建整個晚上都渾身不舒服。即使尿很急，能和爸爸在客廳，他就不想自己一個人到浴室去上廁所；明知道睡覺時間到了，若可以和媽媽一起看書，他就拖著不要回自己的房間。他要跟爸爸媽媽在一起，和大人在一起，小建就不怕多了。

其實小建有一個最舒適漂亮的家，像童話故事裡才有的小

木屋，藏在一大片樹林裡，不管誰來住過，都羨慕得不得了。像叔叔和堂哥康康，他們的家擠在台北鬧區中窄窄的公寓裡，叔叔說，隔壁打個噴嚏，他房間的杯子就會跟著滑動，把水抖得到處都是；康康練一下小提琴，樓下鄰居就敲打天花板，大叫：「殺豬囉！」所以，一放假，大家最愛到小建家來，小建的爸媽都在大學裡教書，才能住在這麼好的宿舍裡。

可是，他們都不知道，在小建心裡，他才羨慕康康呢！康康的鄰居離他們那麼近，而且他房間的窗口，正掛著樓下才藝班的廣告燈，「芝麻街」裡有黃色長長羽毛的大鳥，恰恰好就坐在康康的書桌前。每個晚上就算叔叔要他熄了燈，康康的房裡還是亮得像白天一樣。每回小建去叔叔家，和康康擠一張床，閉上眼睛，透過窗帘，小建還是能清楚的感覺到大鳥用友善親切、圓圓又大大的眼睛看著他。

小建想：「如果每天晚上也有大鳥和康康陪著我，不知有多好！」

小建家的那片樹林裡，到處都是高聳的榕樹、相思樹和鳳凰木，一家和一家之間，還隔著高高的樹籬。在小建房間落地窗外不遠處，正是一排高高的竹林，每到了晚風吹起，小建就會聽到「嘎嘎」、「唰唰」的聲音，好像電視裡的鬼要出來了，讓小建忍不住要起雞皮疙瘩。

在那間都是書的書房裡，有一座比爸爸還高的老爺鐘，每天慢慢的「滴、答、滴、答」響，小建看過一本漫畫，有一個壞人殺掉他的朋友後，就是把他藏在老爺鐘裡，像木乃伊那樣站著。還有那長長的鐘擺，像極了有一次祖父祖母帶他去看的七爺八爺的舌頭，小建真怕那兩個有長長舌頭和黑黑臉的七爺八爺。

尤其到了每小時敲鐘的時候，小建都覺得好像那可怕的七爺八爺又出現在他面前，拿著大大扁扁的板子要打他的屁股。

然後，寒假來了，學校裡的大哥哥、大姊姊都回家去了，整座校園空空的，小建也跟著放假了。他真希望坐在他旁邊的王運民也能住他家隔壁，這樣就有人陪他一起玩了。王運民有哥哥、有弟弟，真好！每天睡覺都有人跟他擠同一張床，不過王運民老是愛講鬼故事，小建最討厭聽鬼故事，聽了他都不敢自己一個人穿過樹林子回家。晚上爸媽叫他去睡覺時，小建就會想，人為什麼不能一閉上眼睛就睡著呢？每天還沒睡著前，他都會聽到電影裡吸血鬼趴在窗戶上刮玻璃的「吱吱」聲；也擔心床底下會躲一個壞人，等爸媽睡著後，把他偷偷綁走，然後來跟爸爸媽媽要錢，再把他殺掉，像電視新聞上常常說的那樣。媽媽說：「學校裡有校警伯伯在巡視，很安全。」可是王運民說沒有用，校警伯伯也捉不到骷髏、幽靈和吸血鬼啊！他們都是等到大家睡覺了，才會出來找小孩的。小建真盼望這禮

拜趕快過去，爸爸說康康在上才藝課，還要再等一個禮拜才能來，康康比小建大，又勇敢，如果康康來了，小建就什麼都不怕了。

本來放假的時候，祖父祖母都會到小建家來，可是今年不一樣，祖父去世了。好多好多天以前，爸爸媽媽還曾經帶小建到醫院去看祖父，祖父變得好奇怪，身上插著好多針和管子，沒和小建講一句話，和以前陪小建削竹蜻蜓、逛菜市場、笑瞇瞇的祖父都不一樣。後來爸爸跟小建說：「祖父去世了，睡覺的時候死掉的。」媽媽告訴小建，會帶著他去參加祖父的告別儀式，讓他跟祖父說再見。小建穿著白衣服去，他看到好多人在哭，可是卻沒有再見到祖父，只看到一張大大的照片，照片裡祖父又笑瞇瞇了。爸爸說，人死掉就不會回來了，也就是以後他再也見不到祖父了。小建覺得很奇怪，不知道死掉到底是

怎樣？每個人都是在睡覺的時候死掉嗎？他自己會不會和祖父一樣，睡覺睡一半就死掉了？王運民有一次說：「鬼都是人死掉以後變的。」祖父也會變成鬼嗎？如果自己死掉了，也會變成很可怕的鬼嗎？祖父的鬼會來找他嗎？

冬天，太陽一下子就下山了。那晚，從祖父家回來後，小建趕忙將家中所有的大燈都打開，還有收音機、電視機，只要家裡亮亮的，有很多聲音，王運民說壞人和鬼都不敢進來。爸爸和媽媽坐在客廳裡，閉著眼睛在休息，小建肚子餓了，但還是乖乖坐在爸媽旁邊，他不想一個人去廚房拿餅乾。忽然，媽媽開口了：

「小建，去外面超商買三包泡麵回來好不好？晚上媽媽沒有力氣煮菜了。」

「我不餓。」想到要自己穿過黑黑的林子去買東西，小建

嚥下口水這樣回答。

「不行，一天都沒吃東西了。」

「我吃餅乾就好。」

「快去！爸爸媽媽也都餓了。」

「我不會。」

「誰說的？小建最厲害了，昨天早上不是才幫媽媽去買橡皮擦的嗎？」

「我想看書嘛！」

「好吧！好吧！」媽媽說：「我自己去買，但是你要乖乖先去洗澡。」

小建一聽，馬上大叫：「我跟妳去。」

他才不要去洗澡呢！浴室在屋子的另一頭，離客廳、廚房那麼遠，中間隔著房間、走廊，萬一有鬼跑進來，就算他大叫

，爸爸根本也來不及救他。浴室裡有一扇窗戶對著後院，黑黑的玻璃上老是有白影子在搖晃，冷風會拼命從窗外灌進來，害他每次一進浴室，上牙就開始打著下牙。那扇窗戶，卡在那邊「咳噹咳噹」響，小建很害怕，洗澡的時候眼睛都要偷偷的看著那裡。若是將窗帘放下，風就要把窗帘吹得高高的，啪啪作響，小建真怕有王運民說的幽靈會跟著風飄進來。他寧可和媽媽出去，也不要一個人去洗澡呢！

「真是的，就不肯自己幫媽媽跑跑腿。」說完，媽媽也不等他，就自己先走了。

小建馬上抓起夾克、戴上棒球帽，吸一口氣追了出去。他不想抬頭找那「嘎嘎」的聲音是從哪裡傳來的？也不管那樹籬底下，怎麼有個黑黑的影子，他縮著脖子，死命的跑，只要追上媽媽，就沒事了。

吃完了麵，小建趴在客廳桌上畫圖，才沒多久，老爺鐘便又「鏘鏘鏘」的鋸出了八下聲響，爸爸走到小建身旁跟他說：

「小建，睡覺時間快到了，去洗澡、刷牙、換睡衣，等一下爸爸給你唸個故事，就要睡覺了。」

「等我把這張圖畫完好不好？」

「不行，你才畫一點點，明天再畫。乖，快去洗澡。」

「洗過了。」小建實在不想到浴室去。

「什麼時候洗的？」

「我和你一起洗好不好？」

「爸爸等一下還要做點運動，你先洗，洗好了去睡覺。」

「我不想睡覺。」

「快去睡，明天爸媽要帶你去科學博物館。」

「我不想去。」

「不想去也得睡覺啊！」

「我可不可以跟你們睡？」

「你已經長大了，大孩子都自己睡。」

小建慢吞吞的走進浴室，才關起門，他看看黑黑的窗戶外面，聽著風呼呼的吹，馬上便又跑出來跟媽媽說：「我可不可以不要關門洗澡？等一下睡覺的時候，也不要關房間的門，開著大燈睡好不好？」

媽媽看看小建，蹲下來問他：「怎麼了呢？」

「我害怕。」

「怕什麼？」

「浴室和我的房間都好黑，而且只有我自己一個人在裡面，我會怕。」

「你以前不是都自己一個人嗎？怎麼突然就怕了呢？」

「媽媽，王運民說人死了就會變成鬼，還會回來找我們，是真的嗎？祖父是不是也變成鬼了？」

「王運民是嚇你的，人一旦過世了，就不能再回來。祖父老了，去世了，他不會變成鬼的。」

「可是我還是害怕，我喜歡康康的房間，晚上有大鳥陪。」

爸媽互相看了一下，爸爸說：「我們今天讓你開著小燈，而且爸爸坐在裡面等你睡著才離開好不好？」

「我半夜想尿尿怎麼辦？」

「爸爸媽媽就在隔壁，你可以來喊我們陪你上廁所啊！」

「我醒來以後睡不著怎麼辦？」

「我們就在你旁邊的房間，不用怕。」

「可是你們都睡著了，沒有和我在一起。」

「誰說的？睡著了以後，我們還是在這裡啊！」

「那不一樣。」

「什麼不一樣？」

「我在這個醒的地方，你們在另外一個睡的地方。」

「沒什麼醒的地方和睡的地方，我們不是都在這屋子裡嗎？」

「如果我和祖父一樣，睡著以後就死掉了，怎麼辦？你們在你們的房間裡，根本就不知道。」

爸爸蹲下來摸摸小建的頭說：「這點你不用怕，祖父不是因為去睡覺才過世的，他是老了，身體生病了才去世的。」

「你都可以和媽媽睡一間，我就得自己睡，不公平，你們為什麼不要再生一個弟弟陪我睡覺。如果有人陪我一起睡，我就不怕了。」

爸爸媽媽不知道該說什麼才好？

「拜託啦！我睡你們房間地上可不可以？」小建可憐的哀求著。

「好吧！但是就今天晚上一次，明天起，爸爸來教你不怕黑、不怕自己睡覺，好不好？」

「不怕黑也可以學嗎？」

「當然，爸爸小時候也怕黑，也不喜歡自己一個人睡覺，但後來就學會不怕了。」

「你也會害怕啊？」小建覺得好棒，原來不只自己一個人怕黑，爸爸也怕過。

「對啊！媽媽小時候也怕過，不信你問媽媽？」

媽媽點點頭：「我以為只有小女生會怕黑，真高興知道小男生和大男生都一樣會害怕。」

「不過沒關係，」爸爸牽著小建的手進浴室去洗澡、刷牙，爸爸說：「我們慢慢來學，誰都可以學會不怕黑的。」

「真的嗎？」

「當然是真的啦！你看爸爸媽媽現在不是都不怕了嗎？」

「好，一定喔！」

第二天起，爸媽和小建就開始了他們的掃「怕」行動。爸爸先和小建從他的圖畫書裡，挑出了月下看貓頭鷹、床底下的怪物，還有樓上奶奶，樓下奶奶幾本書，陪小建一起讀。小建跟著爸爸，看到了原來晚上的森林裡，藏著很多小動物，像貓頭鷹會叫著「呼，胡胡胡胡，戶」，青蛙會「呱呱呱」，蟋蟀則在那裡「嘓嘓嘓」；床底下的怪物裡有好多可怕的怪物，不過都是假的，是書裡的小爺爺幻想出來的；還有樓上奶奶，樓下奶奶，爸爸說就像書裡寫的，每個人都會慢慢變老，老了以後都會過世，跟睡覺沒有關係。讀完了書，小建只覺得好了一點點，因為那都是書上畫的，裡面的人都沒住在這裡，要是他能住在康康的家，他也不怕啊！

然後，大白天時，媽媽陪小建玩家家酒，他們假裝夜晚來了，媽媽讓小建換上睡衣，還帶小建到廚房吃了一點宵夜，才領小建回他的房裡，讓他坐在床上，問他晚上睡覺前最害怕什麼？小建說：「以前晚上我最怕落地窗外有好多聲音、好多影子，很可怕！但是現在我第一怕看到祖父的鬼。」

媽媽摟著小建，問他說：「祖父以前疼不疼你？」

小建點點頭。

「那你為什麼會怕看到祖父？」

「因為他已經去世了，不是人，是鬼。」

「一個人去世以後，我們就再也見不到他了。你可能會因為想念祖父而夢見祖父，這是很自然的事，要很高興，因為那正是祖父很愛你，你也很愛他的證明啊！」

「他不會來抓我嗎？」

「祖父為什麼會抓你呢？」

「因為我以前沒有每次都乖乖的，常常惹祖父生氣。」

「不會，每個小孩子偶爾都會不聽話，祖父不會生你氣的。」

「可是我還是怕很多其他的鬼，我睡不著的時候，他們就會跑來。」

「從哪裡來？」

小建指指他的落地窗。

媽媽牽著他的手，走到落地窗旁，將窗戶打開，他們坐在那裡一起聽竹子「嘎嘎」、「唰唰」的聲響，媽媽說：「竹子被風吹得碰來碰去，的確不怎麼好聽。」

小建趕快接著講：「尤其是真的到了晚上的時候，好嚇人喔！」

他們關上窗戶，把窗簾放下，小建又說：「床底下黑漆漆，還有蜘蛛網，我好怕有壞人躲在那裡，把我帶走。」

媽媽將床下的木箱子拖出來，讓小建翻翻箱子裡的寶貝，原來裡面收著小建剛出生時穿的衣服、第一次剪下來的頭髮、小鞋子、小襪子，看得小建好開心。另外還有一個箱子裡放了很多舊雜誌，他們一起把箱子擦乾淨，床底下也用拖把進去拖了幾次，才把箱子再放回去，媽媽跟小建解釋：「你看！床底下放了兩只大的木箱子，壞人躲不進去。」

收好以後，小建躺到床上，媽媽讓他閉上眼睛，問他：「記不記得床的左邊放著什麼？」

「我的書桌。」

「對，右邊呢？」

「一個衣櫥。」

「落地窗外有什麼？」

「有三棵雞蛋花，還有五盆小盆栽。」

「書架呢？書架擺在哪裡？」

「書架在門那裡。」

「好！真好，你看！你房裡的東西都是你最喜歡的，對不對？」

接著媽媽幫小建蓋上棉被，她說：「每天晚上，爸爸都會陪你進來，唸

一個故事給你聽，都是你愛聽的故事，唸完後，爸爸還會親一下你的額頭或嘴巴，跟你說晚安。你從小最喜歡抓著的被子就在這裡，你兩手會摸著被子，翻一翻身，對了！這時候你可能會聽到窗外的怪聲音，那是什麼？是不是竹子被風吹彎了的聲音？窗簾上有影子在動嗎？應該是路燈把雞蛋花的影子映到你房裡來吧！常常你還會聽到怪聲音，再仔細聽聽，是貓在叫嗎？還是老鼠？壁虎？下次爸爸會去買一卷錄音帶，來教你分辨各種動物的叫聲。你知道爸爸媽媽的房間就在你隔壁，門也沒鎖，你覺得好安全，就慢慢的睡著了。」

小建聽著聽著，幾乎都快睡著了。可是，這不夠，媽媽現在還坐在這裡，而且是白天，如果是晚上，媽媽走掉後，他還是會怕。媽媽看出了小建的心事，跟小建講：「以後爸爸媽媽會常這樣陪你講話，直到你真的覺得安全，好不好？」

隔幾天，爸爸果然就買回來一卷動物叫聲的錄音帶，另外還有一顆地球儀和一支手電筒，爸爸問小建：「你知道為什麼會有白天和晚上嗎？」

小建說：「太陽出來了就是白天，下山了就是晚上。」

「對！你看我們住在台灣，在這裡，」爸爸指著地球儀說：「假裝這手電筒是太陽，太陽不會動，是地球自己在轉圈兒，看！像這樣。」爸爸用左手轉著地球儀：「台灣轉到背面的時候，太陽照不到，就是我們的晚上；等到台灣又轉到這裡，」爸爸指著手電筒的光：「又照到光線了，我們的天就亮了，就是太陽出來的時候了。你看！就算台灣沒曬到太陽的時候，海一樣在這裡，山一樣在那裡，什麼都沒變，對不對？」小建看著地球儀點點頭，爸爸說：「所以即使暗暗的，你的房間和亮亮的時候還是一樣，不會多什麼或少什麼，對不對？這樣好了，」爸爸講：「我們待會兒去海邊看日落，看天怎麼黑的？然後去餐廳吃飯，吃完一起去看電影，好不好？」小建一聽可以去玩，趕忙就跑去穿鞋子了。

進電影院時，媽媽看四周雖然暗暗的，可是小建一點都不害怕，回家後就問小建：「電影院也是黑黑的啊！你為什麼敢進去？」

「電影院裡那麼多人，我又不必在裡面睡覺，而且只要站一下，就不黑了。」小建這樣回答，他從來沒有想到電影院裡和晚上一樣，都是黑黑的。

「對啊！」媽媽說：「我們的眼睛只要適應一下，就可以看到黑黑的房間有些什麼東西，不信現在我牽著你的手，到你的房間去，先不要開燈，我們來看你能看到什麼？」

媽媽和小建來到了小建房門口，裡面黑漆漆的，小建什麼也看不見，他有點緊張，怕裡面躲著鬼，可是媽媽緊緊握住小建的手說：「等一下，看你能不能看到你的床？」果然，過了一下子，小建就看到他鋪著獅子王床單的床，慢慢的，床邊的

書桌和衣櫃都看到了，後來，整個房間都看清楚了，書架、丟在地上的機器戰警、椅子上的衣服，還有床下的室內拖鞋。「看見了沒？」媽媽問：「是不是和白天你看到的一模一樣？只是暗暗的，看得沒那麼清楚而已，對不對？」

小建點點頭，對是對，可是就是不一樣嘛！「每次我半夜醒來睡不著，外面有好多聲音，聽了好害怕，我好怕有鬼！媽媽，可不可以大家都不要睡覺？」

「不行，每個人都需要睡眠，大人每天大約要睡八小時，小孩子要更多一點，你看上次我們去看小堂妹，她是不是幾乎都在睡覺？」

小建點點頭，媽媽又繼續說：「每晚我去睡覺的時候，大概也要躺二十分鐘才會睡著。有時半夜醒來了，轉身一下便又睡著，有時做夢醒來睡不著，也沒關係，我就靜靜躺著，慢慢

的又會睡著。」

「人不睡覺會怎樣？」

「你還記不記得上次我們要去台北看嬸嬸生小堂妹，很早把你叫起來，你沒睡飽好難過，整天都不想和康康玩，一直鬧脾氣，後來到睡完午覺以後，才高興起來，有沒有？」

小建還記得，那一次媽媽叫他早點睡，他沒聽話，一定要看媽媽收拾行李，結果晚上只睡一下下就被爸爸叫醒去搭車，他覺得很不舒服。

「為什麼睡不夠就會難過？」

「我們每天白天做很多事，像走路、爸爸媽媽教書、盪鞦韆、畫圖等等，都要用精神和力氣。睡覺的時候，我們的頭腦和身體都放鬆在休息，隔天才有精力再繼續做事；如果不睡覺，身體沒機會休息，就像肚子餓卻不能吃東西一樣，很快就撐

不下去了。」

「王運民說，睡覺的時候，我們的靈魂就跑到另外一個地方去，是真的嗎？那個地方在哪裡？為什麼我都不記得？」

「睡覺的時候，我們就躺在這裡，哪裡都沒去。等我們睡著以後，肌肉放鬆、呼吸變慢，心跳也緩和了下來，除非有很大的聲音把我們吵醒，不然周圍發生的事我們就暫時不曉得了。」

「所以就算你們睡著了，只要我叫的很大聲，你們還是會聽見？」

媽媽說：「當然囉！這樣好了，我們來列一張單子。」媽媽打開了燈，在書桌前坐了下來，開始邊寫邊唸了起來：「

一、我在自己的房間裡最安全，爸媽就睡在隔壁，只要我一喊，他們就會聽見。

二、每個人都需要睡覺，這樣隔天才有力氣玩。

三、晚上是因為照不到太陽，屋子裡的東西和白天都一樣。

四、『嘎嘎』是竹子被風吹的聲音；『唧唧』是蟲在叫。

五、窗簾上動來動去的是雞蛋花的影子。

六、地上黑黑的是我忘了收的機器戰警。

七、祖父最疼我，他雖然過世了，但我還是一樣愛他。」

但是小建只會認一些簡單的字，媽媽拿出錄音機說：

「來！我們來多唸幾次，把它錄起來，以後到了睡覺前，或是半夜醒來，你就放出來聽聽，或在心裡多背幾次，告訴自己不必害怕，好不好？」

還好！隔天祖母、叔叔、嬸嬸、康康和小堂妹都來了，他們要在這裡住到過完新年才回去，家裡人一多，小建變得好快樂。康康比小建大，他以前來的時候，最愛到樹林裡去探險，

不過這回康康一到，小建的爸爸媽媽就告訴康康，小建正在學著不要怕黑，請康康別取笑小建，還教他要如何幫忙小建。

那天起，康康和小建睡一個房間，康康建議把燈關掉，把門關起來，他說好不容易沒有芝麻街的大鳥坐在窗口吵他，他喜歡暗暗的睡覺。小建瞪大著眼睛看著康康，他覺得好奇怪，怎麼會有人喜歡黑黑的呢？康康跟小建講，他最喜歡房間黑黑的，這樣他可以看見外面亮亮的地方，可是外面卻看不到裡面暗暗的房間。小建不相信，康康叫小建把房間的燈打開，然後拉著小建的手到落地窗外，果然房子裡的每一樣東西都看得一清二楚，然後他們又進來把燈關掉，再到外面時，就什麼都看不見了。康康又帶著小建走進房裡，把落地窗關上，兩個人貼在玻璃上往外看，窗外的竹林旁有一盞水銀燈，遠遠的照著小建的院子，雞蛋花的影子映到康康的臉上，康康變成一半黑臉

、一半白臉。康康說：「我在台北的時候，常常這樣看外面，有一次看到一個阿姨救一隻掉到水溝的小貓回去；還有一次，我看到一個人在刮樓上伯伯的車，刮了就跑，我都來不及跟伯伯講。」

小建從來都沒想到，黑黑的窗戶外面還有那麼多東西可以看，聽起來好像很好玩的樣子，可是小建看著自己的窗外，只有樹和花，什麼都沒有。康康說：「你看！如果你在院子裡撒一點鳥食，好多小鳥都會飛來這裡吃東西，你的院子就熱鬧了，我們就可以躲在裡面看小鳥了。」

「對啊！我明天就跟爸爸講。」

兩個人都上床後，起先小建不太習慣房間連一點小燈也沒有，但是看康康一點都不怕的樣子，而且就睡在自己旁邊，所以小建覺得好像也不會很怕。白天，康康常常拉著小建到樹林

裡去收集樹葉，他說他上的才藝班有「自然教室」，教他們怎麼找葉子做標本。有時候他們還會看到地上螞蟻的洞、樹上小鳥的巢，有一次甚至還發現一隻松鼠在樹上跳來跳去。小建才看到，原來森林裡真的跟書上畫的一樣，這麼熱鬧。後來，康康帶他到樹林的另一頭玩，遇到了其他的小朋友，康康提議要玩捉迷藏，小建有點怕，他不敢真的躲起來，也不敢當鬼，怕大家躲起來後就不見了。他一直跟著康康，康康躲在哪裡，他就跟著躲在哪裡，慢慢的，小建看大家都玩得那麼開心，躲來躲去也沒有人不見或被鬼抓去，才比較不怕一點。

小堂妹七個月大了，但還是很愛睡覺，小建覺得她好像隨時都可以睡著。白天睡，晚上也睡，前一天傍晚大家都跑到後院烤肉了，她自己一個人睡在屋子裡竟然都不怕。她睡著的時候，小建最喜歡站在旁邊看她，他看見小堂妹睡覺的時候，還

是會翻身，有時翻到右邊，有時又翻到左邊，她的眼睛雖然閉著，可是有時候眼皮還是會動來動去。有一回，小建看見她的頭轉來轉去，大哭了三聲，嬸嬸跑來，堂妹卻又睡了，嬸嬸說堂妹一定是做夢了。好奇怪！自己睡覺也像這樣翻來翻去嗎？做夢的時候，眼皮也會跳嗎？小建跑去問媽媽，媽媽說：「是啊！你睡覺的時候，最喜歡動來動去了，有時縮成一球，有時攤得像個『大』字。夏天天氣熱，你還曾經爬起來把衣服脫掉呢！」小建本來還以為，睡覺就睡覺了，大家都不會動，原來不是這樣的。

新年那幾天，晚上好多人在外面玩，康康也帶小建到林子外的空地和小朋友放鞭炮。元宵節的晚上，爸爸幫小建做了一個鳳梨燈籠，小建覺得真漂亮，就鼓起勇氣和康康一起去繞暗暗的森林。冬天的樹林裡風很大，樹葉沙沙的響著，還有一種恐怖的聲音，聽起來像有小娃娃哭得很傷心，康康跟小建說：「那是貓，貓有時候叫起來跟娃娃哭得一樣。」康康一講，小建才想起來，爸爸買的錄

音帶裡，不是也有這樣的叫聲嗎？小建提著燈籠緊緊的跟著康康，一路上遇到好幾個也是提著燈籠的小朋友，他們都說小建的鳳梨燈籠好漂亮，要小建教他們做。回家後媽媽也讚美小建好勇敢，敢在晚上到樹林子去玩了，小建很高興，忽然覺得晚上的樹林好像沒他想像的那麼可怕了。

但是，康康開學後，大家都回去了，家裡一下子少了好多人，晚上又沒有人可以陪小建睡了。小建好多天沒有自己一個人睡了，忽然很不習慣，便又問爸媽：「我可以和你們睡嗎？」

「我們不是講好要學會不怕黑的嗎？如果你每天都和我們睡，就學不會了。」

「可是我還沒學會啊！前幾天都有康康陪的。」

「康康陪你的時候，你們怎麼睡？」

「康康把燈關掉，躺下來就睡了。」

「那時候你怕不怕？」

「不怕。」

「為什麼？」

「因為康康都不怕，有他陪我，我也不怕。」

「你怎麼知道康康不怕？」

「他有時候躺下去又說肚子餓，就自己跑到廚房找餅乾吃，連燈都沒開。有一次外面有狗一直叫、一直叫，王運民有一次說他哥哥講，狗只有看到鬼才會叫那樣，可是康康爬起來打開窗戶，把狗趕走，一點都不怕。」

「他為什麼都不怕？」爸爸問。

「他說他常常在看黑黑的外面，從來沒有看到過鬼，他還說鬼都是假的，康康好勇敢！」

「沒關係，你也可以變得很勇敢。來！我們來把媽媽寫的

單子再唸幾次，然後爸爸陪你玩另一個遊戲。」

「什麼遊戲？」一聽到可以玩，小建就有興趣了。爸爸從房裡拿來了一個馬錶，教小建按，按一下，馬錶開始跑，再按一下，錶就停了，還可以看到中間馬錶跑了多久時間。爸爸說：「現在你先在心裡想著媽媽單子上面寫的話，爸爸得先去刷牙、上廁所，我讓你開著門，但是不要開燈，你能不能試著自己躺在床上？你可以按下馬錶，看你待了多久的時間？」

小建想玩馬錶，就點點頭跟爸爸說：「好。」

爸爸轉身將燈關掉，還說了「晚安」，才自己走了出去。

小建一邊聽著馬錶在跑，一邊等著爸爸回來，結果爸爸回來的時候，他看錶，跑了三分五十六秒。爸爸畫了一個表格，把三分五十六秒點了上去，他說：「希望明天可以贏過這個點。」

就這樣，爸爸要小建和自己比賽，看能不能每天都比前一

天待久一點。爸爸有時是去打通電話，有時去洗個澡，但是一定會再回來陪小建睡覺，小建漸漸習慣自己在房裡等爸爸，有幾次，小建等著等著就睡著了。後來爸爸說：「我們改將門也關起來等，好不好？但是我讓你留著小燈，而且我一下子就會進來看你。」

小建勇敢的點點頭。爸爸的目標是慢慢能讓小建自己留在房裡，安心的看書或睡覺，不再害怕。小建也想要這樣，但是現在還做不到，門關起來的時候，他會一直看著門，聽著門外爸媽的聲音。還好爸爸總是會再進來，還安慰他說沒關係，慢慢來，有的是時間。小建最希望等到暑假康康再來時，他已經學會和大家快樂的道聲「晚安」後，就走進房裡去睡覺，不必康康陪。或是像康康說的，到時候他更厲害了，他們可以一起躲進森林邊黑黑的山洞裡，去睡一個涼爽的午覺。

「動動腦時間：

看完前面的故事，請試著想想下面的問題，你可以先寫下你的答案，再找人討論，歡迎你找你的老師或父母、兄姊一起討論，討論完後，你再看看你原先的答案，也許你會從這個故事發現更多和自己有關的事。」

☆故事中的小建碰到了什麼問題？

☆小建在晚上怕些什麼？你有沒有和小建一樣在晚上也會害怕？在晚上你會怕些什麼？

☆你覺得小建在晚上所怕的東西是真的嗎？你怕的東西也是真的嗎？

☆你覺得小建的爸媽和他所用的掃怕的方法怎麼樣？

☆如果你有類似的問題，你也想要為自己來次掃怕行動嗎？你會打算怎麼辦？

☆當你看到同學聽鬼故事會害怕時，你覺得以一個好朋友的立場，你應該怎麼樣？

☆你喜歡住在像小建家的房子或是像康康家的房子？為什麼？

☆你覺得小建搬到像康康家那樣的房子，小建就會不再害怕了嗎？為什麼？

# 後記

趙映雪

「快樂說晚安」一文中所使用解決孩子不敢睡覺的步驟，乃是根據Stephen W. Garber, PH.D., Marianne Daniels Garber, PH.D.,以及Robyn Freedman Spizman三人所合著的"MONSTERS UNDER THE BED AND OTHER CHILDHOOD FEARS Helping Your Child Overcome Anxieties, Fears, and Phobias"一書中所提供的方法，也就是利用Imagination（想像）、Information（提供知識）、Observation（引導觀察）以及Exposure（面對）四階段循序漸進的方式，來帶領孩子說出心理障礙，勇敢面對，進而克服所害怕的事物。此書認爲一般孩子常見的恐懼，大多可藉由此四個步驟，慢慢來抒鬆、化解，因此無論是幼兒的怕生、怕大狗，大孩子怕打雷、怕看牙醫，甚至青少年的上台恐懼症、考試恐懼症等，均可試著使用這套公式來解決。書中也介紹了幾種放鬆心情及肌肉的體操，有圖及詳細說明，另外還有各種表格來輔助家長，讀者若有興趣，可參考此書。Stephen W. Garber博士是位心理學家，他的妻子Marianne Daniels Garber博士的專長在教育諮商方面，Robyn Freedman Spizman在關於兒童學習、美育方面，已創作有四十幾本書。

# 給大人的話

## 如何利用閱讀故事幫助孩子心靈成長

洪儷瑜

一般父母和教師常只關心孩子是否長得健康，或是孩子有沒有隨著年齡增長變得更聰明，或有沒有知道得比較多；大人關心一個孩子的成長往往容易只注重在生理和認知能力兩方面，而忘了心靈方面的成長，例如關心孩子有沒有比較快樂，或是比較會處理自己的情緒。也因此當社會上出現兒童心理或行爲的問題越來越多時，很多家長或教師會感到心慌，會覺得孩子怎麼會如此不懂事，甚至不知爲何問題會發生在自己孩子身上，大人們不瞭解孩子心理的發展也需要如生理和認知方面的關照。當我們長期忽略孩子心靈成長的需求時，就像長期忽視孩子飲食的營養；又隨著社會的變遷，孩子會容易因爲不夠成熟，或抵抗力不夠，而出現心理或行爲的問題。

近幾年美國丹尼爾高曼所提出的ＥＱ在台灣興起一股熱潮，市面上也紛紛推出ＥＱ訓練課程，頗受家長和教師歡迎，可見國內已注意到孩子的心靈成長的問題。事實上，除了課程外，故事童話書是伴隨成長很好的工具。兒童童話故事本身對孩子具有心理輔導的效果，孩子可以透過對故事人物之認同，認清自己的問題，察覺自己心理問題的原因，並由故事的提示去學習如何看待或解決自己所遭遇的問題，甚至學習建立較健康的待人處事之道。國外利用童話故事進行閱讀治療已有幾十年，國外甚至出版專供兒童心理輔導的成長故事專書系列，國內近幾年來也見出版社翻譯不少這樣的套書，然而翻譯書籍的人物與場景可能會因與國內社會不同，而阻礙了孩子對故事書中人物的認同，或是故事所提供的解釋問題之架構可能不見得符合國內社會。因此，心理出版社總經理許麗玉特地邀請了國內童話故事的文字工作者，以國內兒童成長中經常面臨的問題爲主題，撰寫相關的故事以供家長或學校教師利用故事幫助孩子心理成長。

## 一、閱讀在兒童心理輔導的功能

書籍的種類很多，但並非所有的書籍均能適合運用於心理輔導。鑑於兒童把自己想像成故事中的人物，喜歡透過故事幻想，因此，童話故事十分合適擔任陪孩子心靈成長的工作。兒童可以透過書中的人物，學習認識自己或他人；透過書中人物的經驗，增進同理他人的能力，甚至透過書中的情節學習模仿解決自己心理問題的方法。此外，由於兒童認知能力的限制，常無法用適當的語言描述自己的問題，甚至不瞭解自己心裡的擔心或想法是什麼問題。這也是一般大人在輔導兒童心理問題時，常遭遇的困難；有時候聽兒童說了半天，還發現兒童所說的問題不見得是他眞實的問題。當兒童能發現與自己問題相同的故事，兒童就可以透過書中人物和情節，或使用書中的語言，與大人溝通他內心的想法或問題。總之，閱讀童話故事之所以能運用在兒童心理輔導，受肯定的功能大致如下：

1.協助兒童瞭解自己；

2.增進兒童瞭解別人的能力或是同理心；

3.協助兒童瞭解人類心理問題之普遍性原則，以減輕壓力或增進忍受力；

4.讓兒童學習描述自己的問題；

5.讓兒童學習各種處理問題的方法；

6.讓兒童學習健康的面對問題之態度。

## 二、如何利用閱讀故事輔導孩子

當然，要發揮上述功能，不是光買書給兒童看就可以了，大人從旁的協助是很重要的。如何利用童話故事書輔導孩子，家長或老師可循下列步驟進行：

1.確定或預測兒童的問題或可能需要探討的問題。可以透過觀察兒童平時的言行或兒童的日記、作業或遊戲時的表現，發現兒童心理上的問題，例如是怕黑、考試焦慮、不喜歡自己、交友問題或是自卑等。

2.選擇類似主題之童話故事作爲閱讀輔導的讀本。選擇讀本時，除了考慮主題外，應考慮讀本之難易度是否適合兒童的閱讀程度。一般而言，讀本的撰寫最好是兒童可以自己閱讀的程度，不要選文字詞彙過難的讀本，若讀本的文字對兒童而言太難，可以考慮選擇錄成錄音帶，或由大人陪讀。

3.將選好的讀本呈現給兒童，由兒童在毫無壓力下，自由的閱讀。家長或教師如要達此目標，可能需要平時即鼓勵兒童閱讀，並把可能是孩子所關心之主題的書本介紹給孩子，或是鼓勵他找機會閱讀。

4.在無壓力、輕鬆的情境，分享兒童在讀或聽完故事後的想法與心得。

5.學習傾聽兒童的心得，對孩子的想法不要加以批判，也不灌輸大人預設的標準答案，專心聽兒童表達他個人從書中所得之想法，必要時，可以摘要兒童所說的內容，以澄清自己所聽到的確實是兒童所想表達的。如發現兒童可能有偏差的想法時，不要表現出驚訝、指責或安慰孩子不要亂想，以免阻止了兒童繼續表達的意願。

6.提供適當的問題引導兒童思考和討論。利用閱讀輔導兒童與傳統說教方式不同，一味灌輸標準答案容易適得其反，因此，大人可利用問題引導兒童去重新認識自己的想法，澄清自己的問題，或是選擇適當的方法。所以，兒童看完書之後，一定要有討論。本套書每冊之後均設計有作者自編或是編者設計的問題或作業可供教師或家長參考。討論的方式可以一對一個別討論，如有兩個以上的兒童，也可以採團體討論的方式進行討論。爲確定兒童由討論中獲得學習，討論結束前，可試著讓兒童說出他在討論過程中，所得到的心得或結論。

7.後續輔導。透過討論，可能發現兒童仍需後續的輔導。後續的輔導大致分三方面：如發現兒童由書上得到改變或行動的想法，則鼓勵兒童定下契約，大人可以後續追蹤兒童的行動，必要時可以提供適度的提示或增強，以協助兒童增加成功執行的機會；如果兒童還需要進一步的討論或閱讀，可以陪他再重新閱讀或尋找相關的故事來討論；發現兒童的問題嚴重到需要專業的心理治療，宜盡快尋求專業的心理諮商人員或精神科醫師協助。

一般兒童因經由閱讀達到輔導效果，主要是透過認同和洞察的歷程。所謂認同，是兒童在不知不覺中，將自己經驗和想法投射在與故事書中相似的人物身上或情境，彷彿是書中的主角。適度的投射可以幫助兒童抒解陳述自己問題的壓力，但是如果兒童投射過度，僵化自己在書中的主角，或所言與現實差距過大，尤其是發生在年紀較大的兒童時，教師或家長則應請教心理諮商專家。此外，當兒童透過書中的情節瞭解他人的內心世界或問題的發展，可以幫助兒童重新認識或解釋自己所遭遇的問題，這也是透過閱讀發揮輔導效果的要素。為了達到上述效果，一般家長或老師在選擇讀本時應注意下列四個重點：

1. 故事主題符合兒童的興趣或需求者；
2. 故事內容所涉及之問題與兒童讀者的生活經驗有關者；
3. 故事的撰寫適合兒童的閱讀程度；
4. 故事的情節可以幫助孩子學習認識自己或處理問題。

進行輔導時應注意下列三個原則：

1. 提供開放接納的討論氣氛，不要批判兒童的想法或反應

盡量不要像一般傳統說教的方式，指導兒童應該如何做才對，或以道德標準讓兒童覺得被批判，即使他是不對的，也應或提供問題讓他去思考支持

自己的理由，或分析自己的意見之利弊得失，透過討論讓兒童知道自己爲什麼不對，鼓勵兒童由事實發現自己應該選擇的答案而自我修正。

2. 提供從旁的協助或引導，不要讓兒童覺得有挫折感

此種閱讀可能與一般爲增進語文或知識的閱讀不同，不要讓兒童因爲語文理解的困難而退卻，因爲當兒童需要利用閱讀學習認識自己，對兒童本身認識自己已是需要努力的課題，如果讀物太難，或思考問題的內容超出其能力範圍，兒童就難將故事中的體會眞正內在化，而只好像一般閱讀書籍一樣，把標準答案背起來，這就失去輔導的意義。

3. 循序漸進，不要急於求成

利用閱讀童話故事輔導兒童，就像提供給孩子心靈成長所需要的維他命，不要急於求成，期待兒童看完一本書或討論一次就可要求解決他心理上的問題。大人應該考慮兒童的能力與成熟度，長期的陪兒童閱讀與討論，一段時間下來，您就會比較容易發現孩子可能的改變。但也千萬不要把閱讀故事書當作治療兒童心理問題的藥物，閱讀童話故事的輔導不是萬靈丹，如果孩子的問題比較嚴重時，仍需直接找專業的心理諮商人員。

## 三、如何利用本套書輔導成長

本書最適合家長或老師運用在下列的情境：

1. 一般兒童的心理成長時間，如親子交談、導師時間；

2. 當發現兒童可能有心理困擾，想鼓勵兒童表達或討論時；
3. 當發現兒童可能有類似問題，卻不知如何幫助時；
4. 當兒童班上同學或兒童本身有類似的問題，想趁機幫助孩子認識問題時。

如果是兒童心理專業人員或學校輔導教師，也可以利用本套書爲建立關係或閱讀治療的媒介。

運用時可參考上述的步驟進行，本套書每冊書後所設計的「動動腦時間」就是作者或編者擬定的討論問題，師長可以先要孩子自行回答，再依據孩子的興趣或狀況選擇部分符合孩子所需要的問題來討論，不一定要一次全部討論完畢，可以依時間長短與孩子的興致挑選適當問題討論，分次完成。如果使用上有任何意見或建議也請不吝賜教。

（本文作者爲國立臺灣師範大學特教系教授）

兒童心理成長系列 4　快樂說晚安：克服黑暗的恐懼

作　　者：趙映雪
主編校閱：洪儷瑜
插　　畫：陸承宗
執行編輯：陳文玲
總 編 輯：林敬堯
出 版 者：心理出版社股份有限公司
社　　址：台北市和平東路一段 180 號 7 樓
總　　機：(02) 23671490　　傳　　真：(02) 23671457
郵　　撥：19293172　心理出版社股份有限公司
電子信箱：psychoco@ms15.hinet.net
網　　址：www.psy.com.tw
駐美代表：Lisa Wu　tel: 973 546-5845　fax: 973 546-7651
登 記 證：局版北市業字第 1372 號
印 刷 者：博創印藝文化事業有限公司
初版一刷：1997 年 12 月
初版二刷：2005 年 10 月

定價：新台幣 150 元　
ISBN 957-702-254-5